横山タカ子の

汁《しる》飯《めし》香《こう》

はじめに

毎日、きょうはなにを食べようか、なにをどう組み合わせようか、と考えることは、悩ましくもありますが、それ以上に私にとっては楽しいことです。なぜなら、献立の形がごくシンプルなので、ちっともめんどうではないからです。

私の食事は、「飯」＋「一汁三菜」が基本ですが、これをぐっと凝縮させて「汁飯香」、つまり汁もの・ごはんもの・お漬けものの形にしてみたら、手間いらずの満足献立になりました。その秘訣は……「汁」や「飯」に、主菜にも副菜にもなる具材を混ぜ込むこと。たとえば、豚汁風のみそ汁なら、たんぱく源になる肉も、根菜もいっしょにとることができます。ごは

んを主役にしたいときは、肉や魚、野菜、大豆製品を混ぜたり、のせたり、炊き込んだり。そして「香」、お漬けものには、季節の野菜を使います。私の献立にはお漬けものが欠かせませんが、本書ではサラダやあえもの感覚の即席漬け、一夜漬けをご紹介しました。お漬けもののことを昔から「香のもの」というのは、塩やしょうゆなどで漬けることによって、野菜の香りが際立つからでしょう。さらに、発酵が進めば、なんともいえない食欲をそそる香りがします。

簡単にすませたい朝ごはんはもちろん、ひとりのお昼ごはんやお夜食、そしてお客さまへのおもてなしにも、この「汁飯香」を揃えれば、めんどうなことはいっさいなく、たちまち食卓が整います。

本書で紹介した「汁飯香」のアイデアを日々の食事作りに生かして、おいしく健康的な食生活をぜひお楽しみください。

横山タカ子

さっとすませたい昼ごはんに

仕事や家事の合間に
パパッとすませたいお昼ごはん。
簡単なおかずをのせたごはんに、
みそ汁を添えれば大満足。

◎豚キャベツごはん —— p.84
◎なすとみょうがのみそ汁 —— p.27

食べすぎた翌日は

昨夜は少し食べすぎたなと思ったら、
朝は消化のよいもので
軽くすませます。

◎ねぎと油揚げ、えのきの
みじん切りすまし汁 —— p.34
◎ごはん、梅干し

毎日の晩酌の〆にも

一日の終わりの楽しみは晩酌です。
おかずや漬けものをつまみに盃を傾けつつ、
1合炊き用の鉄鍋を使って
卓上でごはんを炊くのがわが家の日課。
この量が、夫とふたりでちょうどいいんです。

人が集まるときも、汁飯香が欠かせません

親しい人たちが集うとき、私は各自で好きなおかずを好きなだけ取り分けられる形にしています。
汁ものは鍋ごとテーブルへ、ごはんは手巻きずしにする、というように。
みなさんの楽しそうな顔がなによりのごちそうですし作るほうも気楽なのがいいんですよ。

◎野沢菜のいり菜汁 —— p.24

◎手巻き寿司
好みの刺身や漬けもの（野沢菜漬け、赤かぶ漬けなど）、葉野菜を器に盛り、すし飯（→p.94）、焼きのり、わさびを添える。

もくじ

第一章 毎日の汁もの

第二章

毎日のごはんもの

第三章

毎日のお漬けもの

コラム

（この本の決まりごと）
- 小さじ1は5㎖、大さじ1は15㎖、1カップは200㎖、1合は180㎖です。
- 「保存の目安」は、清潔な保存容器に入れてふたをし、冷蔵庫に入れた場合の目安です。気温や保存状況によって異なるので、とくに夏場は早めに食べきるようにしてください。
- 塩は未精製のもの、油は菜種油、酢は純米酢、みりんは本みりんを使用しました。

第一章

毎日の汁もの

わが家の汁ものは、具だくさんが基本。
複数の具材を組み合わせれば、うまみやコクがぐっと増しますし、
肉や魚介類、大豆製品を加えるとそれだけで十分な食べごたえが出ます。
みそ汁、すまし汁のほかに、あつあつがいただける鍋仕立てにするのも
おすすめで、うどんやごはん、もちを加えると、主食にもなってくれます。

「だし」をとる

汁ものや煮ものの味の決め手は、「だし」。私は煮干しをもっともよく使います。鍋で煮出すこともありますが、便利なのは「水だし」。保存容器に煮干しと水を入れて冷蔵庫で保存しておくだけで、時間がだしを抽出してくれます。いつでもさっと取り出して使えるし、少量のだしが必要なときや、茶碗蒸しなど冷たいだしがほしいときにも重宝します。

カルシウムをしっかりとりたいときには、煮干しをまるごと粉状にした「煮干し粉の水だし」を使います。ただし、汁がにごるので、すまし汁には不向き。濃厚なだしをとりたいときには、煮干しに昆布、干ししいたけ、大豆をブレンドした「旨だし」がおすすめ。薄味に仕上げたいすまし汁や煮ものに向いています。保存の目安は、どれも冷蔵で3日ほどです。

＊本書では、ここで紹介する「煮干しだし」を使いましたが、
料理やお好みに応じて、煮干し粉の水だし、旨だしをお使いください。

旨だし

〈材料と作り方〉作りやすい分量

煮干し15g、昆布(5×10㎝)1枚、干ししいたけ3枚、いり大豆50gを保存容器に入れ、水5カップを注ぎ、冷蔵庫でひと晩(8時間)おく。

煮干しだし

〈材料と作り方〉作りやすい分量

煮干し20gを保存容器に入れ、水5カップを注ぎ、冷蔵庫でひと晩(8時間)おく。

煮干し粉の水だし

〈材料と作り方〉作りやすい分量

煮干し10gはフードプロセッサーで粉状にする。保存容器に入れて水5カップを注ぎ、冷蔵庫でひと晩(8時間)おく。

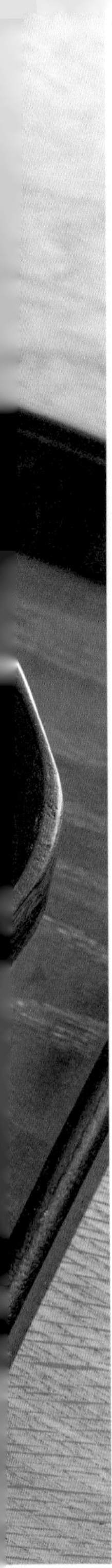

汁が主役の献立 — 1

汁ものに肉や魚などたんぱく源を加えると、しっかりメインに。
鮭と根菜を組み合わせ、酒粕＋みそでコクを出しました。
そのぶん、ごはんや即席漬けはさっぱり味にして、バランスよく。

大根のゆず漬け
ゆずの混ぜごはん
鮭と根菜の酒粕みそ汁

鮭と根菜の酒粕みそ汁

**鮭に3種の根菜を合わせて、食べごたえのある一品に。
酒粕とみそが溶け合った汁が極上のおいしさで、
身体がほっと温まります。**

〈材料〉2〜3人分

生鮭 … 2切れ
大根 … 6㎝(180g)
にんじん … ⅓本(60g)
ごぼう … ½本(40g)
長ねぎ … 小1本
酒粕 … 大さじ2
みそ … 大さじ1
煮干しだし … 2と¼カップ

〈作り方〉

1 大根は5㎜幅のいちょう切りに、にんじんは5㎜幅の斜め薄切りにする。ごぼうはささがきにして水洗いし、ざるにあげる。
2 鍋にだしと*1*を入れて中火にかけ、野菜がやわらかくなるまで煮る。
3 3等分に切った鮭を加え、火を通す。
4 酒粕、みそを順に溶き入れる。斜め薄切りにした長ねぎを加え、ひと煮立ちさせる。

大根のゆず漬け

はちみつとゆず果汁の
風味よい甘酢に大根を漬け、
さっぱりといただきます。

〈材料〉作りやすい分量

大根 … ½本(600g)
ゆず … 1個
A〔混ぜる〕
　はちみつ … 大さじ4
　塩 … 大さじ1
　ゆず果汁＋酢 … 合わせて50mℓ
　水 … 40mℓ
　赤唐辛子(小口切り) … 1本分

〈作り方〉

1 大根は薄いいちょう切りにする。ゆずは皮をむいて細切りにし、実は果汁をしぼる。
2 保存容器に*1*の大根とゆずの皮、Aを入れ、ふたをして1時間以上おく。

＊保存の目安：冷蔵で1週間ほど。食べる分だけ取り出し、軽く水けを絞って器に盛る。

ゆずの混ぜごはん

ゆず1個分の皮と果汁を使って、
さわやかな香りただよう
ごはんに仕上げます。

〈材料〉4〜5人分

温かいごはん … 2合分
ゆず … 1個

〈作り方〉

1 ゆずは皮を薄く削って細かく刻み、実は果汁をしぼる。
2 ごはんに*1*を加えて混ぜる。

汁が主役の献立—2

みそ汁は、コクのある豚肉とじゃがいもでボリュームアップ。ごはんには口がさっぱりする甘酢漬けを混ぜ、シンプルな酢じょうゆ漬けを添えました。

じゃがいもと玉ねぎ、
豚肉のみそ汁

玉ねぎの酢じょうゆ漬け

しょうがときゅうりの
甘酢漬けごはん

じゃがいもと玉ねぎ、豚肉のみそ汁

シンプルながらもコクのある豚汁仕立てのみそ汁です。
煮干しの力強いだしに、豚肉のうまみ、
じゃがいもと玉ねぎの甘みが溶け合います。

〈材料〉2人分

じゃがいも … 1個（120g）
玉ねぎ … $\frac{1}{2}$個（100g）
豚こま切れ肉 … 70g
煮干しだし … 1と$\frac{1}{2}$カップ
みそ … 大さじ1

〈作り方〉

1 じゃがいもはひと口大の乱切りにし、玉ねぎもひと口大に切る。
2 鍋にだしを入れて中火にかけ、*1*を加えて煮る。煮立ったら豚肉を加えて煮る。
3 野菜がやわらかくなったら、みそを溶き入れる。

しょうがときゅうりの甘酢漬けごはん

歯ざわりのよいきゅうりに、
ピリッとさわやかなしょうがも
アクセントです。

〈材料〉4〜5人分
温かいごはん … 2合分
しょうが(みじん切り) … 20g
きゅうり … 2本
塩 … 小さじ1
A〔混ぜる〕
　酢 … 大さじ4
　砂糖 … 大さじ1
　塩 … 小さじ1

〈作り方〉
1 きゅうりは斜め薄切りにし、塩をふって5分おく。しんなりしたら水けを絞り、ボウルに入れてAを加え、15分ほどおいて味をなじませる。
2 ごはんに*1*としょうがを加えて混ぜる。

玉ねぎの酢じょうゆ漬け

酢じょうゆに漬けることで
玉ねぎの辛みがおさえられ、
箸休めにぴったりの一品に。

〈材料〉作りやすい分量
玉ねぎ … 1個(200g)
A しょうゆ … 大さじ2
　酢 … 大さじ1

〈作り方〉
玉ねぎはスライサーで薄切りにする。保存容器に入れ、Aを加えて混ぜ、ふたをして1時間以上おく。
＊保存の目安：冷蔵で1週間ほど。

【毎日の汁もの】

具だくさんみそ汁

みそ汁は具だくさんが基本です。野菜なら2〜3種類を組み合わせると、味わいに奥行きが出ます。豆腐や大豆製品を加えると、たんぱく質もとれますよ。

豆もやしとにらのみそ汁

シャキシャキ、プチプチとした食感の豆もやしに
にらをたっぷり加えて、香りよく。
野菜のおかずのようなみそ汁です。

〈材料〉2人分

豆もやし … 80g
にら … ½束(50g)
煮干しだし … 1と½カップ
みそ … 大さじ1

〈作り方〉

1 にらは3㎝長さに切る。
2 鍋にだしを入れて中火で煮立たせ、豆もやしと*1*を加えて煮る。
3 野菜がしんなりしたら、みそを溶き入れる。

野沢菜のいり菜汁

「いり菜汁」は、青菜を炒めて汁仕立てにしたもの。
信州では野沢菜を使い、大鍋でたっぷり作ります。
ここでは、みそ仕立てにしてみました。

〈材料〉作りやすい分量

野沢菜 … 1束（300g）
水 … 4カップ
煮干し … 10尾（16g）
木綿豆腐 … ½丁（150g）
菜種油 … 大さじ1
みそ … 大さじ2と½
七味唐辛子 … 適宜

〈作り方〉

1 野沢菜は3cm長さに切る。
2 鍋に油を中火で熱し、野沢菜を炒める。油がまわったら分量の水と煮干しを加えて煮て、煮立ったら豆腐をひと口大にちぎり入れる。
3 具が温まったら、みそを溶き入れる。器によそい、好みで七味唐辛子をふる。

野沢菜は油で炒めることでβ-カロテンの吸収がよくなり、うまみも加わります。小松菜やかき菜など、身近な青菜でもおいしく作れますよ。

ブロッコリーとわかめのみそ汁

ブロッコリーをごろっと入れた
“食べるみそ汁”です。
わかめは最後に加えて、煮すぎないように。

〈材料〉2人分

ブロッコリー … ¼個（100g）
塩蔵わかめ … 20g
煮干しだし … 1と½カップ
みそ … 大さじ1

〈作り方〉

1 わかめは水につけてもどし、ひと口大に切る。ブロッコリーは小房に分ける。
2 鍋にだしを入れて中火で煮立たせ、ブロッコリーを加えて煮る。火が通ったらみそを溶き入れ、わかめを加えてさっと煮る。

なすとみょうがのみそ汁

だしのうまみを吸ってやわらかく煮えたなすに、
みょうがの香味を合わせました。
食べ飽きない味わいです。

〈材料〉2人分

なす … 1本
みょうが … 2個
煮干しだし … 1と½カップ
みそ … 大さじ1

〈作り方〉

1 なすはヘタを除き、縦半分にしてから3mm幅に切り、水でざっと洗いアクを流す。みょうがは縦薄切りにする。
2 鍋にだしを入れて中火で煮立たせ、なすを加えて煮る。
3 なすに火が通ったらみそを溶き入れ、みょうがを加えてさっと煮る。

キャベツと高野豆腐のみそ汁

煮ものの組み合わせを、そのままみそ汁の具に。
野菜と大豆製品が一度にとれる
栄養バランスのよい一品です。

〈材料〉2人分

キャベツ … 2枚(80g)
高野豆腐 … 1枚
煮干しだし … 1と½カップ
みそ … 大さじ1

〈作り方〉

1 キャベツは1㎝幅に切る。高野豆腐はたっぷりのぬるま湯に10分ほどつけてもどす。両手ではさんで水けを絞り、1㎝角に切る。
2 鍋にだしを入れて中火で煮立たせ、*1*を加えて煮る。
3 具に火が通ったら、みそを溶き入れる。

私のお気に入り「すんきのみそ汁」

すんき漬けは、長野県木曽地方に古くから伝わる保存食。
赤かぶの葉を乳酸発酵させたもので、
漬けものながら、塩をいっさい使わないのが特徴です。
すっきりした酸味があり、そのままお茶請けにはもちろん、
私はこれをみそ汁に入れるのがお気に入りです。

すんき漬けには、20種類以上の乳酸菌が無数に含まれるといわれています。おすしを作る際、刻んですし飯に混ぜるのもおすすめです。

すんきのみそ汁

〈材料と作り方〉2人分

1 すんき漬け50gは軽く絞って1㎝幅に切り、根元のほうは薄切りにして器に入れる。

2 鍋に煮干しだし1と½カップを入れて中火で煮立たせる。みそ大さじ1を溶き入れてひと煮立ちさせ、*1*に注ぐ。

具だくさんすまし汁

だしを効かせたすまし汁も、具だくさんにすれば
ごはんのおかずになります。油揚げや厚揚げでコクを出したり、
もちを加えて食べごたえのある汁にしてもおいしいですよ。

切り干し大根と油揚げのすまし汁

自家製の切り干し大根を使った、わが家の定番。
油揚げは、切り干し大根に合わせて細切りにします。
薄味に仕上げて、のど通りよく。

〈材料〉2人分

切り干し大根 … 20g
油揚げ … 1枚
煮干しだし … 1と½カップ
薄口しょうゆ … 大さじ½

〈作り方〉

1 切り干し大根はたっぷりの水に5分ほどつけてもどし、水けを絞る。油揚げは熱湯にさっと通して油抜きし、細切りにする。
2 鍋にだしを入れて中火にかけ、*1*を加えて煮る。
3 具に火が通ったら、薄口しょうゆで味をととのえる。

切り干し大根は自家製。大根は5～7㎝長さのせん切りにし、ざるに広げてカラカラになるまで4～5日、天日に干します。保存袋に入れ、湿気が残っていたら冷蔵保存。みそ汁や甘酒漬け（→p.99参照）などに利用しています。

大平汁《おおびらじる》

大平汁は木曽地方の郷土料理で、
冠婚葬祭に欠かせない汁もの。
大地の恵みである根菜がたっぷりです。

〈材料〉作りやすい分量

干ししいたけ … 4枚
里いも … 2個（150g）
大根 … 8㎝（200g）
にんじん … $\frac{2}{3}$本（100g）
ごぼう … 1本（100g）
煮干しだし … 2カップ
薄口しょうゆ … 大さじ1
切りもち … 4個

〈作り方〉

1 干ししいたけは2カップ強の水にひと晩（8時間）つけてもどし、軸を切り落として8㎜角に切る。もどし汁は取りおく。

2 里いもはよく洗って皮つきのまま半分に切り、蒸気の上がった蒸し器に入れ、強火で10分ほど蒸す。皮をむいて8㎜角に切る。

3 大根、にんじんは8㎜角に切る。ごぼうは4つ割りにしてから8㎜幅に切り、水でさっと洗う。

4 鍋にだしと*1*のもどし汁を入れて中火で煮立たせ、*1*のしいたけ、*2*、*3*を加えて煮る。野菜に火が通ったら、薄口しょうゆで味をととのえる。

5 フライパンでもちをこんがりと焼き、*4*に加えてさっと煮る。

焼いたもちを加えると、雑煮のようなおいしさに。私は信州・伊那地方で栽培される原種に近いもち米で作られた「白毛（しらけ）もち」を愛用しています。甘みがあり、粘りにすぐれた口当たりのよいもちです。

ねぎと油揚げ、えのきの みじん切りすまし汁

みじん切りにした油揚げやえのきからもいい味が出て
だしの風味と相まって、ほっと落ち着くおいしさ。
食べすぎた翌日にもおすすめのおすましです。

〈材料〉2人分

長ねぎ … ½本
油揚げ … 1枚
えのきたけ … 1袋(100g)
煮干しだし … 1と½カップ
薄口しょうゆ … 大さじ1

〈作り方〉

1 長ねぎはみじん切りにする。油揚げは熱湯にさっと通して油抜きし、みじん切りにする。えのきは根元を少し切り落とし、細かく刻む。
2 鍋にだしを入れて中火にかけ、*1*を加えて煮る。
3 具に火が通ったら、薄口しょうゆで味をととのえる。

小松菜と厚揚げのすまし汁

アクの少ない小松菜は、そのままだしに入れてOK。
厚揚げを加えるとボリュームが出るだけでなく
ほどよいコクがプラスされます。

〈材料〉2人分

小松菜 … ⅓束（100g）
厚揚げ … ½枚（130g）
煮干しだし … 1と½カップ
薄口しょうゆ … 大さじ1

〈作り方〉

1 小松菜は3㎝長さに切る。厚揚げは熱湯にさっと通して油抜きし、ひと口大の角切りにする。
2 鍋にだしを入れて中火にかけ、*1*を加えて煮る。
3 具に火が通ったら、薄口しょうゆで味をととのえる。

【毎日の汁もの】

主役になる鍋仕立ての汁もの

わいわいと鍋を囲む食事は、会話が弾むもの。
そのまま食卓に出せるから、作り手にもうれしい料理です。
冬だけでなく、わが家では一年を通して楽しんでいます。

野菜いっぱいもち団子鍋

もち米を砕いて作るお団子は、
もっちり、ねっとりとした食感。
根菜と鶏肉のおいしいだしをからめます。

〈材料〉作りやすい分量

鶏もも肉 … 200g
大根 … 6㎝(180g)
にんじん … ⅔本(100g)
ごぼう … ½本(50g)
里いも … 2個(150g)
長ねぎ … 1本
もち米 … 2合
水 … 約½カップ
煮干しだし … 5カップ
A｜薄口しょうゆ … 大さじ2
　｜塩 … 小さじ1

〈作り方〉

1 もち米は洗ってたっぷりの水にひと晩(8時間)浸水させる。
2 大根はいちょう切りに、にんじんは半月切りにする。ごぼうは斜め薄切りにし、さっと水で洗う。鶏肉はひと口大に切る。
3 里いもはよく洗って皮つきのまま半分に切り、蒸気の上がった蒸し器に入れ、強火で10分ほど蒸す。皮をむいてひと口大に切る。長ねぎは斜め薄切りにする。
4 鍋にだしを入れて中火にかけ、2と里いもを加えて煮る。具に火が通ったら長ねぎを加え、Aで味をととのえる。
5 *1*の水けをきり、フードプロセッサーで粉状に砕く。分量の水を少しずつ加えて混ぜ、ひと口大に丸めながら*4*に加えて煮る。

もち米をフードプロセッサーで粉状に砕き、水を加えて練っていきます。団子状に丸めながら鍋に落とすと、ねっとりとしたもちの食感に。

煮汁ごとごはんにかけてもおいしい鍋です。具を食べてから、残った煮汁にごはんを入れ、雑炊にしてもいいですね。

肉団子のトマトジュース鍋

煮込むことでトマトジュースの酸味がとんで、
夏野菜や鶏団子のうまみが溶け出します。
鶏団子は、みそが隠し味。ごはんに合う鍋ものです。

〈材料〉4人分

鶏ひき肉 … 200g

A
- 酒・みそ … 各大さじ1
- 片栗粉 … 大さじ½
- パン粉 … 大さじ3

玉ねぎ … 1個（200g）
にんにく … 1片
なす … 2本
ピーマン … 3個
トマトジュース … 3カップ
塩 … 小さじ½
菜種油 … 大さじ1

〈作り方〉

1 ボウルにひき肉とAを合わせてよく練り混ぜ、ひと口大の団子状に丸める。
2 玉ねぎは縦半分に切って薄切りに、にんにくは薄切りにする。なすはひと口大の乱切りに、ピーマンはヘタと種を除いて4つ割りにする。
3 鍋に油を中火で熱し、玉ねぎとにんにくをさっと炒める。なすとピーマンを加えて炒め合わせ、トマトジュースを加えて煮る。
4 野菜に火が通ったら*1*を加え、火が通るまで煮て、塩で味をととのえる。

みそ牡蠣鍋

最大のコツは牡蠣を煮すぎず、ふっくらプリッと仕上げること。
牡蠣の濃厚なうまみが移った野菜もごちそうです。
〆には、さっとゆがいたうどんを加えて煮るのがおすすめ。

〈材料〉4人分

- 生牡蠣(加熱用)… 12個
- 春菊 … ½束(100g)
- ごぼう … ½本(100g)
- にんじん … ⅓本(50g)
- 長ねぎ … 1本
- 煮干しだし … 4カップ
- A〔混ぜる〕
  - みそ … 100g
  - 酒・みりん … 各大さじ2
  - 砂糖 … 大さじ1

〈作り方〉

1. 牡蠣はざるに入れて塩少々(分量外)をふり、流水で洗って水けをきる。
2. 春菊は葉を摘み、茎は3㎝長さに切る。ごぼうとにんじんはささがきにし、ごぼうは水でさっと洗って水けをきる。長ねぎは斜め薄切りにする。
3. 鍋にだしを入れて中火にかけ、春菊の茎、ごぼう、にんじんを加えて煮る。
4. 野菜に火が通ったらAを加えて溶き混ぜる。再び煮立ってきたら*1*と長ねぎ、春菊の葉を加え、牡蠣に火を通す。

甘みそだれを作っておき、野菜が煮えたところに溶き入れて、コクのある鍋に仕上げます。牡蠣は煮込みすぎると縮んでかたくなってしまうので、最後に加えましょう。

肉豆腐鍋

香ばしく焼きつけてから煮た牛肉はもちろんですが、
肉の濃厚なうまみを吸った豆腐や長ねぎがまたおいしく、
ごはんが進みます。卵をからめてめし上がれ。

〈材料〉4人分

牛薄切り肉 … 300g
焼き豆腐 … 1丁
長ねぎ … 2本
卵 … 4個
割り下〔混ぜる〕
　煮干しだし・しょうゆ・
　酒 … 各大さじ5
　みりん … 大さじ3

〈作り方〉

1 豆腐は6等分に切り、長ねぎは斜め薄切りにする。
2 材料は2回に分けて、半量ずつ調理する。鍋を中火にかけ、牛肉を並べて焼き、火が通ってきたら豆腐を加え、割り下を注ぐ。グツグツしてきたら、長ねぎを加えて煮る。
3 器に卵を溶きほぐし、2をくぐらせて食べる。具がなくなってきたら、残りの材料を肉から先に入れ、残りの割り下を加えて煮る。同様に卵にくぐらせて食べる。

最初に肉を香ばしく焼きつけてから割り下を注ぎます。
こうすると割り下に肉のうまみが移って、味を吸った
豆腐や野菜もグッとおいしくなるんです。

たけのことさば缶のみそ小鍋

魚をとりたいとき、さば缶ならストックしておけるし、
下処理不要でとても便利。缶汁もだしになります。
たけのことの相性抜群なので、ぜひお試しを。

〈材料〉4人分

ゆでたけのこ … 300g
さば水煮缶 … 1缶（190g）
木綿豆腐 … ½丁（150g）
長ねぎ … 1本
だし … 4カップ
みそ … 大さじ2

〈作り方〉

1 たけのこはひと口大に切る。豆腐は8等分に切る。長ねぎは斜め薄切りにする。
2 鍋にだしを入れて中火にかけ、*1*を加えて煮る。たけのこに火が通ったら、みそを溶き入れる。
3 さばを缶汁ごと加え、ひと煮立ちさせる。

クレソンと油揚げの小鍋仕立て

具ふたつだけのとてもシンプルな小鍋です。
ほろ苦いクレソンをたっぷり加えて、
油揚げをさっぱりいただきましょう。

〈材料〉2人分

クレソン … 2束
油揚げ … 3枚
煮干しだし … 3カップ
薄口しょうゆ … 大さじ2

〈作り方〉

1 クレソンは食べやすくちぎる。油揚げは熱湯にさっと通して油抜きし、細切りにする。
2 鍋にだしを入れて中火で煮立たせ、薄口しょうゆを加える。油揚げを加えて5分煮て、クレソンを加えてさっと煮る。

ごはんを炊く道具

ごはんを炊くのに愛用しているのは、鉄製の羽釜、土鍋、土鍋でも取っ手のついた行平鍋です。炊飯器を使うことも多いのですが、やや厚手のものならどんな鍋でも上手にごはんを炊くことができます。

羽釜はもともと、かまどでごはんを炊くための鍋で、分厚い木製のふたがついています。羽釜に限らず鉄製の鍋は、いったん熱がまわると熱を蓄積する力があるため、ごはんがふっくらと炊き上がります。

土鍋はゆるやかに熱がまわり、均一に火が通って保温力が持続するので、火を止めてからも蒸らし効果が続きます。写真右の行平鍋は、おかゆを炊くときに使っています。土鍋なのでゆっくりと火が通り、水分を米にじっくりと含ませてくれるんです。

右から行平鍋、羽釜、土鍋。もちろん炊飯器でもおいしく炊けますが、
炊飯器で保温する場合は、5～6時間を目安にスイッチを切りましょう。

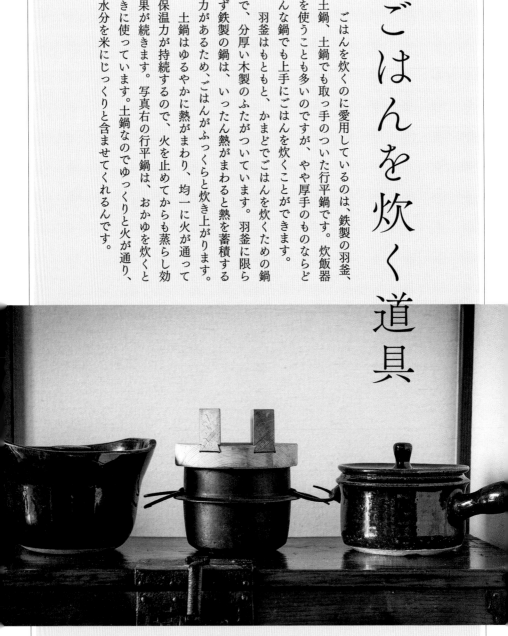

第二章

毎日のごはんもの

ごはんは主食でありながら、肉や魚介、野菜といった具材を合わせることで、主菜にも副菜にもなってくれる懐の深さがあります。

気軽な混ぜごはんや炊き込みごはん、のっけごはんは毎日の食事に、もち米で作るおこわや、旬の食材を使ったすしは季節感を楽しめるごちそうに、それぞれ食卓を彩ってくれます。

「ごはん」を炊く

私のふだんのごはんは、五分づき米を炊いたもの。玄米もよく食べます。玄米のぬかの部分にはビタミンやミネラル、食物繊維など栄養成分が豊富に含まれています。この玄米を精製したのが分づき米で、ぬかを半分ほど残したのが五分づき米。ぬかの栄養を残らずとるには玄米がいいのですが、表皮がかたいので、白米に比べて浸水時間を長く要し、炊き上がりまでの時間も倍くらいかかります。ちなみに、五分づき米は、白米と同じ炊き方で大丈夫です。

玄米や五分づき米に抵抗があるなら、白米に大豆や雑穀を加えると、ぬかの代わりとなる栄養分が補充され、風味もよくなります。大豆はゆで大豆(→p.75参照)を、雑穀は市販の雑穀ミックスを使います。大豆と雑穀をいっしょに加えて炊いてもおいしいんですよ。

玄米ごはん

〈材料と作り方〉4〜5人分

1 ボウルに玄米2合を入れて水を注ぎ、手でしっかり混ぜて洗い、水を捨てる。これを2〜3回くり返す。
2 *1*にかぶるくらいの水を注いで7〜8時間浸水させ、ざるにあげる。
3 鍋に2を入れ、水540mℓ（玄米の1.5倍量）を注ぐ。中火に10分ほどかけ、沸騰したら弱火にして35分、水分がなくなるまで炊く。火を止める直前に、10秒ほど強火にする。
4 火を止めて20分ほど蒸らし、全体を軽く混ぜる。

五分づき米ごはん

〈材料と作り方〉4〜5人分

1 ボウルに五分づき米2合を入れて水を注ぎ、2〜3回手で混ぜて洗い、水を捨てる。これを2〜3回くり返す。
2 *1*にかぶるくらいの水を注いで30分ほど浸水させ、ざるにあげる。
3 鍋に2を入れ、水2カップ（米の1.1倍量）を注ぐ。中火に10分ほどかけ、沸騰したら弱火にして12〜15分、水分がなくなるまで炊く。火を止める直前に、10秒ほど強火にする。
4 火を止めて10分ほど蒸らし、全体を軽く混ぜる。

大豆と雑穀入りごはん

〈材料と作り方〉4〜5人分

1 ボウルに白米2合を入れて水を注ぎ、2〜3回手で混ぜて洗い、水を捨てる。これを2〜3回くり返す。
2 *1*にかぶるくらいの水を注いで30分ほど浸水させ、ざるにあげる。
3 鍋に2とゆで大豆100g、雑穀ミックス大さじ2を入れ、水2カップ（米の1.1倍量）を注ぐ。中火に10分ほどかけ、沸騰したら弱火にして12〜15分、水分がなくなるまで炊く。火を止める直前に、10秒ほど強火にする。
4 火を止めて10分ほど蒸らし、全体を軽く混ぜる。

ごはんが主役の献立――1

塩さばを焼いてほぐし、ビタミン豊富な大根葉を加えて
混ぜごはんに。ごはんにボリュームをもたせたら
みそ汁と漬けものはシンプルに、さっと作れるものにします。

豆腐と長ねぎのみそ汁

白菜のもみ漬け

焼き塩さばと大根葉の
混ぜごはん

焼き塩さばと大根葉の混ぜごはん

こんがりと焼いたさばの塩けと、「しょうゆ洗い」をした大根葉で、ごはんを風味よくいただきます。
簡単ですが、食べごたえのある混ぜごはんです。

〈材料〉4〜5人分

温かいごはん … 2合分
塩さば(三枚おろし)
…2枚(200〜250g)
大根葉 … 1本分
しょうゆ … 適量

〈作り方〉

1 塩さばは魚焼きグリルなどで焼き、皮にこんがりと焼き色をつける。身を粗くほぐし、小骨やヒレを除く。
2 大根葉は熱湯で茎がやわらかくなるまでゆでて水に取り、水けを絞る。ボウルに入れてしょうゆをまわし入れ、さっとからませて汁けをきり、細かく刻む。
3 ごはんに*1*、2を加えて混ぜる。

豆腐と長ねぎのみそ汁

混ぜごはんに合わせるみそ汁は、
つるりとのど越しのよい
豆腐をチョイス。

〈材料〉2人分
木綿豆腐 … ⅓丁(100g)
長ねぎ … ⅓本
煮干しだし … 1と½カップ
みそ … 大さじ1

〈作り方〉
1 豆腐は8等分に切り、長ねぎは斜め薄切りにする。
2 鍋にだしを入れて中火で煮立たせ、みそを溶き入れる。
3 *1*を加えてひと煮立ちさせる。

白菜のもみ漬け

塩をふって、重しをしておくだけ。
さっぱりした口当たりで
いくらでも食べられます。

〈材料〉作りやすい分量
白菜 … ¼株(500g)
塩 … 10g(白菜の重量の2%)

〈作り方〉
1 白菜は3㎝長さのざく切りにする。
2 ボウルに*1*を入れて塩をふり、よくもみ込む。1kg程度の重しをのせ、3時間以上おく。

＊保存の目安:冷蔵で4～5日。食べる分だけ取り出し、水けを絞って器に盛る。

ごはんが主役の献立――2

ホクホクとした食感がうれしい、
菊いもの炊き込みごはん。炊き上がりにしらすを加えて、
うっすら塩味をつけています。根菜のみそ汁に
さっぱりとした浅漬けを添え、ヘルシーな献立に。

かぶとゆずの皮の浅漬け

菊いもの炊き込み
ごはん しらす入り

ごぼうとにんじんの
みそ汁

しらすは生の食感と風味を残したいので、炊き上がってから加えましょう。

菊いもは皮ごと薄切りにし、生のまま米の上に広げて炊き込みます。

菊いもの炊き込みごはん しらす入り

ホクホクの菊いもに
しらすのうまみと食感がマッチ。
好みでみそを添えても美味。

〈材料〉4～5人分

米 … 2合
菊いも … 3個(100g)
しらす干し … 50g
水 … 430mℓ

〈作り方〉

1 米は洗って30分ほど浸水させ、ざるにあげて厚手の鍋に入れ、分量の水を注ぐ(炊飯器を使ってもよい)。
2 菊いもは皮つきのまま薄い輪切りにし、*1*にのせて広げる。
3 ふたをして中火で10分、沸騰したら弱火にして15分ほど炊く。最後に10秒ほど強火にして火を止め、10分ほど蒸らす。
4 しらすを加え、さっくりと混ぜる。

かぶとゆずの皮の浅漬け

ゆずの皮と果汁でさわやかに。
かぶは歯ごたえが残るくらいに
漬けるのがおすすめです。

〈材料〉作りやすい分量

かぶ … 3個（300g）
かぶの葉 … 80g
塩 … 7g強（かぶと葉の重量の2%）
ゆずの皮（細切り）… 1/2個分
ゆずのしぼり汁 … 1個分

〈作り方〉

1 かぶは細めのくし形に切る。かぶの葉は2㎝長さに切って塩少々（分量外）でもみ、水洗いする。
2 *1*をボウルに入れて塩をもみ込む。水けをきり、ゆずの皮としぼり汁を加える。500g程度の重しをして、1時間ほど漬ける。

＊保存の目安：冷蔵で5日ほど。

ごぼうとにんじんのみそ汁

細切りのごぼうとにんじんを
やわらかく煮て、食べやすく。
みそ味ともよく合います。

〈材料〉2人分

ごぼう … 1本（100g）
にんじん … 1/6本（20g）
煮干しだし … 1と1/2カップ
みそ … 大さじ1

〈作り方〉

1 ごぼうとにんじんはせん切りにし、ごぼうは水でさっと洗ってざるにあげる。
2 鍋にだしと*1*を入れて中火にかけ、野菜がやわらかくなるまで煮る。
3 みそを溶き入れ、ひと煮立ちさせる。

ごはんが主役の献立——3

刺身とにらをピリ辛のたれであえ、食の進む丼に。
ごはんにはえのきを炊き込み、うまみをプラスしました。
あっさりスープと甘酢漬けを組み合わせた、韓国風の献立です。

わかめと豆腐のスープ

なすの甘酢漬け

えのきの炊き込みごはん
まぐろとにらの
ヤンニョムあえのせ

えのきの炊き込みごはん
まぐろとにらの
ヤンニョムあえのせ

韓国風のピリ辛だれで、
いつもの刺身がまた違うおいしさに。
たれは作りおきしておくと便利です。

〈材料〉4～5人分
米 … 2合
えのきたけ … 1袋(100g)
まぐろ(刺身用さく) … 200g
にら … 1束(100g)
ヤンニョムだれ(左下参照) … 大さじ3

〈作り方〉
1 えのきは根元を少し切り落とし、1cm長さに切る。
2 米は洗って30分ほど浸水させ、ざるにあげる。炊飯器の内釜に入れて2合の目盛りまで水を注ぎ、*1*を加えて炊く。炊き上がったらさっくりと混ぜる。
3 まぐろは7mm幅に切る。にらは熱湯でさっとゆでて水に取り、水けを絞って4cm長さに切る。ボウルに合わせ、ヤンニョムだれを加えてあえる。
4 *2*を器に盛り、*3*をこんもりとのせる。

ヤンニョムだれ

〈材料と作り方〉作りやすい分量
しょうゆ大さじ3、長ねぎのみじん切り・ごま油・白いりごま各大さじ1、おろしにんにく・粉唐辛子各小さじ1をよく混ぜ合わせる。
*保存の目安:保存容器に入れ、冷蔵で3週間ほど。

わかめと豆腐のスープ

ピリ辛ごはんには、
シンプルなスープを合わせましょう。
わかめをたっぷり入れると
味出しにもなります。

〈材料〉2人分
塩蔵わかめ … 20g
木綿豆腐 … ½丁（150g）
煮干しだし … 2カップ
薄口しょうゆ … 大さじ1

〈作り方〉
1 わかめは水につけてもどし、ひと口大に切る。豆腐は8等分に切る。
2 鍋にだしを入れて中火にかけ、*1*を加えて煮る。わかめに火が通ったら、薄口しょうゆで味をととのえる。

なすの甘酢漬け

献立に甘酸っぱいお漬けものが
あると口直しになります。
写真は漬けて3日目くらいのもの。
なすのやわらかい食感も◎。

〈材料と作り方〉
→p.97参照

【毎日のごはんもの】

混ぜごはん

一品で、ごはんにも、おかずにもなる「混ぜごはん」。バターでコクを出したり、うまみのある具材を使うと、満足度がグッと増します。具を作りおきしておくのも手。

菜の花の混ぜごはん

ほろ苦い菜の花をバターで炒めて、
ごはんにコクと香りを移します。
仕上げにナンプラーで風味づけを。

〈材料〉4～5人分
温かいごはん … 2合分
菜の花 … 1束(200g)
ナンプラー … 大さじ1
バター … 大さじ1(15g)

〈作り方〉
1 菜の花は茎と葉やつぼみに切り分ける。茎は1㎝長さに切り、葉やつぼみは食べやすい長さに切る。
2 フライパンにバターを中火で熱し、溶けたら*1*の茎を炒める。火が通ったら葉とつぼみも加えて炒め合わせ、ナンプラーをまわし入れる。
3 ごはんに*2*を加えて混ぜる。

菜の花の茎は太くてかたいので、先に炒めてバターをからませてから、葉やつぼみを加えます。

盛りつけるときは、菜の花のつぼみを上にのせるようにするときれい。

焼ききのこの混ぜごはん

しょうゆの効果で香ばしさ倍増。
きのこは、あれば原木で育ったものを使うと、
肉厚で香りも豊かです。

〈材料〉4～5人分

温かいごはん … 2合分
生しいたけ
（あれば原木しいたけ）… 4個
ひらたけ（原木しめじ）
… 10本（70g）
A | しょうゆ … 大さじ2
みりん … 大さじ1

〈作り方〉

1 きのこは焼き網に並べ、ときどき返しながら中火で香ばしく焼く。
2 *1*のしいたけは4つにさき、ひらたけは大きいものは半分にさく。バットにAを合わせてきのこを加え、味をからませる。
3 ごはんに2を汁ごと加えて混ぜる。

しいたけとひらたけが同じくらいの大きさになるように手でさき、熱いうちにしょうゆだれにつけて、味をしみ込ませます。

きのこは焼き網や魚焼きグリルなどで、軽く焼き色がつくまで焼きます。焦がしすぎないように注意しましょう。

たっぷりパセリの混ぜごはん

ビタミンの宝庫、パセリを山ほど使って作る
私のお気に入りの混ぜごはん。
バターの風味をまとわせます。

〈材料〉4〜5人分

温かいごはん … 2合分
パセリ … 2束(200g)
バター … 大さじ1(15g)

〈作り方〉

1 パセリは葉を摘む。
2 フライパンにバターを中火で熱し、溶けてきたら*1*を加えてさっと炒める。
3 ごはんに*2*を加え、さっくりと混ぜる。

ごまと刻み昆布の混ぜごはん

しょうゆだれに昆布を漬けて
うまみを十分に引き出し、
香ばしいごまとともに、ごはんに混ぜ込みます。

〈材料〉4〜5人分

温かいごはん … 2合分
白いりごま … 大さじ1
刻み昆布（乾燥）… 10g
A｜しょうゆ … 大さじ1
　｜みりん … 大さじ½

〈作り方〉

1 ボウルにAを合わせ、刻み昆布を入れて30分ほどおき、もどす。
2 ごはんに1を汁ごと加え、ごまも加えて混ぜる。

刻み梅ごはん

カリカリ小梅は、信州では定番のお漬けもの。
さっぱりとした酸味で、夏バテを吹き飛ばしてくれます。
おにぎりにしたり、おべんとうにもおすすめです。

〈材料〉2人分

温かいごはん … 1合分
カリカリ赤梅漬け
（下記参照。または市販品）… 3個
梅漬けの赤じそ（細かく刻む）… 大さじ1

〈作り方〉

1 カリカリ梅は種を除き、粗みじん切りにする。
2 ごはんに*1*と赤じそを加えて混ぜる。

カリカリ赤梅漬け

〈材料と作り方〉

青梅（小梅）をボウルに入れ、梅の重量の15％の塩を加えてもみ、下漬けする。塩でもんだ赤じそをのせ、梅がひたる程度の酢を注いで1～2週間漬け込む。冷蔵で1年ほど保存可能。

干ししいたけとかんぴょうの混ぜごはん

すし飯に混ぜる甘辛の具を
ごはんに混ぜて、
おかずと一緒に食べる感覚で。

〈材料〉4〜5人分

温かいごはん … 2合分

〔干ししいたけとかんぴょうの煮もの〕

- 干ししいたけ … 4枚
- かんぴょう（乾燥）… 40g
- 干ししいたけのもどし汁 … 2カップ
- A
  - しょうゆ … 大さじ3
  - 砂糖・みりん … 各大さじ2と½

青のり … 適量

〈作り方〉

1 干ししいたけは2カップ強の水にひと晩(8時間)つけてもどす。もどし汁は取りおく。かんぴょうはひたるくらいの水に30分ほどつけてもどし、塩適量（分量外）をふってもみ、水で洗う。

2 鍋にしいたけとかんぴょうを入れ、しいたけのもどし汁も加えて中火にかける。煮立ったらAを加えて弱火にし、しいたけとかんぴょうがやわらかくなるまで煮る。

3 2のしいたけは半分に切ってから細切りにし、かんぴょうは細かく刻む。

4 ごはんに3を加えて混ぜる。器に盛り、青のりをふる。

干ししいたけとかんぴょうは倍量で煮て、
半量は保存袋に入れて冷凍しておくと、
すしの具などにすぐに使えて重宝します。
＊保存の目安：冷凍で3週間ほど。

炊き込みごはんとおこわ

ごはんに具を炊き込むと、素材のうまみがしみ込んで、
ごはんをいっそうおいしく食べられます。
もち米を使ったおこわは、満足感もひとしお。

長野県はくるみの産地。旬の時期に1年分まとめて買い、使う分ずつ殻を割って、フライパンでからいりしてから使っています。

くるみとれんこんの炊き込みごはん

香ばしいくるみを、たっぷりと。
シャキシャキのれんこんに、カリッとしたくるみ。
歯ごたえも楽しい炊き込みごはんです。

〈材料〉4～5人分

米 … 2合
くるみ … 100g
れんこん … 1節（170g）
にんじん … ½本（70g）
油揚げ … 2枚
A〔混ぜる〕
　酒 … 大さじ2
　薄口しょうゆ … 大さじ1
　塩 … 小さじ½

〈作り方〉

1 くるみは生であれば、フライパンでからいりする。
2 れんこんは5㎜幅の輪切りにしてから4～6等分に切る。にんじんは小さな拍子木切りにする。油揚げは熱湯にさっと通して油抜きし、ひと口大の短冊切りにする。
3 米は洗って30分ほど浸水させ、ざるにあげる。炊飯器の内釜に入れてAを加え、2合の目盛りまで水を注ぐ。
4 1、2を広げて入れ、炊く。炊き上がったらさっくりと混ぜる。

トマトの炊き込みごはん カレーがけ

甘酸っぱいミニトマトを
ゴロゴロッとごはんに炊き込みました。
ココナッツミルクを使った、まろやかなカレーと好相性。

〈材料〉4〜5人分

米 … 2合
ミニトマト(ヘタを除く) … 12個
〔カレー〕
鶏もも肉 … 1枚(約280g)
玉ねぎ … 大1個(300g)
にんにく(みじん切り) … 1片分
ガラムマサラ … 小さじ1と½
ココナッツミルク … 1缶(400mℓ)
トマト水煮缶 … 1缶(400g)
カレー粉 … 大さじ1と½
塩 … 小さじ1と½
菜種油 … 大さじ1

〈作り方〉

1 米は洗って30分ほど浸水させ、ざるにあげる。炊飯器の内釜に入れて2合の目盛りまで水を注ぎ、ミニトマトをのせて炊く。炊き上がったらさっくりと混ぜる。
2 カレーを作る。鶏肉はひと口大に切る。玉ねぎは粗みじん切りにする。
3 鍋に油を中火で熱し、玉ねぎ、にんにく、鶏肉の順に炒める。鶏肉に火が通ったらガラムマサラをふり入れる。
4 *3*にココナッツミルクを加え、トマト水煮をつぶしながら缶汁ごと加える。煮立ってきたら、カレー粉を少量の煮汁で溶いてまわし入れる。具がやわらかくなるまで煮て、塩で味をととのえる。
5 器に*1*を盛り、*4*をかける。

米にミニトマトをのせて炊くだけ。トマトの甘酸っぱい風味が移り、カレーにぴったりのごはんになります。色合いもきれいでしょう?

小豆の炊き込みごはん

小豆をもち米ではなく、白米に炊き込みました。
赤飯よりも気軽に作れて、あっさりとした食べ心地です。

〈材料〉4～5人分

米 … 2合

ゆで小豆（下記参照）… 100g

〈作り方〉

米は洗って30分ほど浸水させ、ざるにあげる。炊飯器の内釜に入れて2合の目盛りまで水を注ぎ、ゆで小豆を加えて炊く。炊き上がったらさっくりと混ぜる。

ゆで小豆

〈材料と作り方〉作りやすい分量

1 ボウルに小豆（乾燥）300gと水2と½カップを入れ、塩大さじ1を加えて混ぜ、ひと晩（8時間）おいてもどす。

2 *1*をざっと洗ってざるにあげ、鍋に入れて水4カップを注ぎ、強火にかける。沸騰したら中火にし、10～15分ゆでる。

3 ざるにあげて湯をきり、鍋に戻して水4カップを加え、*2*と同様に20分ほどゆでる。

＊保存の目安:冷蔵で1週間、冷凍で3週間ほど保存可能。冷凍する場合は保存袋に小分けするとよい。好みで砂糖を250gほど加え、甘く煮てもおいしい。

大豆とにんじんの炊き込みごはん

優秀なたんぱく源でもある大豆は、積極的にとりたい食材。
ごはんに炊き込むと、たっぷり食べられます。

〈材料〉4〜5人分

米 … 2合
ゆで大豆（下記参照）… 100g
にんじん … ⅔本（100g）
大豆のゆで汁 … 1と½カップ
塩 … 小さじ½
薄口しょうゆ … 大さじ1

〈作り方〉

1 米は洗って30分ほど浸水させ、ざるにあげる。炊飯器の内釜に入れ、塩と薄口しょうゆを加える。大豆のゆで汁を加え、2合の目盛りまで水を注ぐ。
2 にんじんは1㎝角に切る。
3 *1*に*2*とゆで大豆を加えて炊く。炊き上がったらさっくりと混ぜる。

ゆで大豆

〈材料と作り方〉作りやすい分量

1 鍋に大豆（乾燥）100gを入れて3カップの熱湯を注ぎ、ひと晩（8時間）おく。
2 そのまま中火にかけ、15分ほどゆでる。

＊保存の目安：冷蔵で1週間、冷凍で3週間ほど保存可能。冷凍する場合は保存袋に小分けするとよい。

中華ちまき風炊きおこわ

竹の皮で包んで蒸す中華ちまきを
もっと気軽に楽しみたくて、思いついたレシピです。
炊飯器まかせですが、炊き上がりはとてもよい香り。

〈材料〉4〜5人分

もち米 … 2合
豚肩ロースかたまり肉 … 150g
ゆでたけのこ … 70g
にんじん … ⅓本(50g)
ごぼう … ½本(50g)
干ししいたけ … 4枚
A
- みりん・薄口しょうゆ … 各大さじ2
- オイスターソース … 大さじ1

〈作り方〉

1 もち米は洗ってたっぷりの水にひと晩(8時間)浸水させ、ざるにあげる。
2 干ししいたけは2カップの水につけ、ひと晩(8時間)おいてもどし、軸を切り落として細切りにする。もどし汁は取りおく。
3 たけのこは3cm長さの薄切りにする。にんじんとごぼうはささがきにし、ごぼうは水でさっと洗ってざるにあげる。豚肉は小さめのひと口大に切る。
4 炊飯器の内釜に*1*を入れ、Aを加える。しいたけのもどし汁を加え、おこわ2合の目盛りまで水を注ぐ。しいたけと*3*を広げて入れ、炊く。炊き上がったらさっくりと混ぜる。

炊飯器のおこわ2合の目盛り通りに水加減したら、ちまき風の具を上にのせて炊きます。おこわの目盛りがない場合は、もち米と同量の水を加えて炊きましょう。

ぎんなんは少量の熱湯でゆでながら、玉じゃくしの裏でころころと転がすと、簡単に薄皮がむけます。

ぎんなんと黒豆のおこわ

ぎんなんと黒豆の彩りもきれいなおこわです。
もち米に水分を吸わせてから蒸すこの方法なら、
蒸し時間はたったの15分でいいんですよ。

〈材料〉4～5人分

もち米 … 2合

ぎんなん … 30粒

ゆで黒豆* … 100g

塩 … 小さじ½

＊ゆで黒豆は、p.75の［ゆで大豆の作り方］と同様に作る。

〈作り方〉

1 もち米は洗ってたっぷりの水にひと晩（8時間）浸水させ、ざるにあげる。

2 ぎんなんは殻を割り、鍋に入れて1cm深さの水を注ぎ、火にかける。煮立たせながら表面を玉じゃくしの裏などでこすり、薄皮を除く。

3 鍋にもち米、塩、黒豆のゆで汁150mℓを入れて中火にかける。木べらでゆっくり混ぜながら、もち米に水分を吸わせる。ぎんなん、ゆで黒豆を加えて混ぜる。

4 せいろに大きめの蒸し布を敷き、3を入れて広げ、蒸し布で包むようにしてふたをする。鍋に湯を沸かし、蒸気が上がったらせいろをのせ、強火で15分ほど蒸す。

むかごとたけのこのおこわ

むかごは、山いもの葉のつけ根にできる球状の芽。
土のような香りとホクッとした歯ざわりが身上です。
お好みで黒ごま塩をふってどうぞ。

〈材料〉4〜5人分
もち米 … 2合
むかご … 130g
ゆでたけのこ … 150g
黒ごま塩（右記参照）… 適量

〈作り方〉
1 もち米は洗ってたっぷりの水にひと晩（8時間）浸水させ、ざるにあげる。たけのこは1㎝角に切る。
2 鍋にもち米を入れ、水150mℓを注いで中火にかける。木べらでゆっくりと混ぜながら、もち米に水分を吸わせる。むかごとたけのこを加えて混ぜる。
3 せいろに大きめの蒸し布を敷き、2を入れて広げ、蒸し布で包むようにしてふたをする。鍋に湯を沸かし、蒸気が上がったらせいろをのせ、強火で15分ほど蒸す。
4 器に盛り、黒ごま塩を添える。

黒ごま塩

〈材料と作り方〉作りやすい分量
鍋に黒いりごま50g、塩20g、水大さじ3を入れて中火にかけ、木べらで混ぜながら煮る。水分がとんで、ごまが砕け、塩と混ざったらでき上がり。
＊保存の目安：常温で1か月ほど。

焼き栗おこわ

栗は渋皮つきのまま、香ばしく焼いてから
もち米に加えて蒸し上げます。
ホクホク感と香ばしさが口に広がる、秋のごちそう。

〈材料〉4〜5人分

もち米 … 2合
ゆで栗（鬼皮をむいたもの。下記参照）
… 200g
塩 … 小さじ½

〈作り方〉

1 もち米は洗ってたっぷりの水にひと晩（8時間）浸水させ、ざるにあげる。
2 栗は渋皮つきのままフライパンで焼き、香ばしい焼き目をつける。
3 鍋に*1*を入れ、塩と水150mℓを加えて中火にかける。木べらでゆっくり混ぜながら、もち米に水分を吸わせる。
4 せいろに大きめの蒸し布を敷き、3、2を入れて広げ、蒸し布で包むようにしてふたをする。鍋に湯を沸かし、蒸気が上がったらせいろをのせ、強火で15分ほど蒸す。

ゆで栗は、渋皮つきのままフライパンで軽く焦げ目がつくくらいまで焼き、香ばしさをおこわに移します。栗は、旬の時期にまとめてゆでて鬼皮をむき、冷凍しておくと長く楽しめます。

ゆで栗

〈材料と作り方〉作りやすい分量

栗はさっと洗って鍋に入れ、たっぷりの水を加えて中火にかける。沸騰したら弱火にし、1時間ほどゆでる。ひとつ取り出して火の通りを確かめ、火が通っていたらざるにあげる。

【毎日のごはんもの】

気軽なのっけごはん

ひとり分のおかずを、ごはんにのせるだけ。さっと用意して、パパッと食事をすませたいときは、〃のっけごはん〃が気軽ですね。たんぱく源と野菜は、欠かさず加えましょう。

温玉しらすごはん

温泉卵が大好きで、いつも冷蔵庫に
常備しているわが家。
忙しいときにも満足感のある丼です。

〈材料〉2人分

温かいごはん … 茶碗2杯分
温泉卵(下記参照) … 2個
しらす干し … 20g
水菜 … ½束(100g)
焼きのり(全形) … 1枚
白すりごま … 小さじ2

〈作り方〉

1 水菜は熱湯でさっとゆで、水に取って水けを絞り、3㎝長さに切る。のりは手でもんで細かくする。

2 ごはんを器に盛り、中央に温泉卵を割り入れる。まわりに*1*としらす、ごまを盛る。温泉卵をくずし、ごはんと具を混ぜながら食べる。

温泉卵

〈材料と作り方〉10個分

卵10個は常温にもどしておく。鍋に2ℓの湯を沸かし、火を止めて水1カップを加える。卵を入れてふたをし、12分おいたら水に取って冷ます。冷蔵で3日ほど保存可能。

豚キャベツごはん

いつもの豚キャベツ炒めに、黒酢の酸味と
豆板醬の辛みをプラスして、食欲をそそる味つけに。
ごはんとの相性も抜群です。

〈材料〉2人分

温かいごはん … 茶碗2杯分
豚肩ロース薄切り肉 … 120g
キャベツ … ¼個（300g）
菜種油 … 大さじ1
A〔混ぜる〕
　しょうゆ・黒酢 … 各大さじ2
　豆板醬・砂糖 … 各小さじ1

〈作り方〉

1 キャベツはひと口大のざく切りにする。豚肉は2㎝幅に切り、熱湯でさっとゆで、ざるにあげる。
2 フライパンに油を中火で熱し、キャベツをさっと炒める。水大さじ2を加えて蒸し焼きにし、やわらかくする。
3 豚肉とAを加え、炒め合わせる。ごはんとともに器に盛る。

サーモンとほたての海鮮丼

刺身はお好みのもの、なんでもかまいません。
サーモンや赤身はしょうゆに軽くひたして、
ひと味おいしく仕上げましょう。

〈材料〉2人分

温かいごはん … 茶碗2杯分
サーモン（刺身用）… ½さく
ほたて貝柱（刺身用）… 4個
長ねぎ … 10㎝
しょうゆ … 少々
おろしわさび
（または練りわさび）… 適量

〈作り方〉

1 サーモンは薄切りにし、しょうゆにさっとひたす。ほたては厚みを半分に切る。長ねぎは斜め薄切りにする。
2 器にごはんを盛り、サーモンとほたてをのせ、中央に長ねぎとわさびをのせる。

【毎日のごはんもの】

季節のおすし

ハレの日やおもてなしにぴったりのおすし。季節感を表現すれば、喜ばれること請け合いです。混ぜる、詰める、巻くなど工夫を凝らした目にも楽しいアレンジをご紹介しましょう。

春

菜の花畑ずし

菜の花の緑と卵の黄色で、
春の花畑をイメージしました。
すし飯に甘く煮た具を混ぜ込んで。

〈材料〉4～5人分

基本のすし飯（→p.94参照）… 2合分
菜の花 … 2束（400g）
パセリ … 1束（100g）
卵 … 3個
A 塩 … 少々
　砂糖 … 小さじ½
干ししいたけとかんぴょうの煮もの
　（→p.69参照）… 100g

〈作り方〉

1 菜の花は熱湯でゆでて水に取り、水けを絞る。茎と葉やつぼみを切り分け、茎は細かく刻む。パセリは葉を摘む。
2 ボウルに卵を溶きほぐし、Aを加えて混ぜる。鍋を熱して卵液を入れ、菜箸でかき混ぜながらポロポロのいり卵を作る。
3 すし飯に、干ししいたけとかんぴょうの煮もの、菜の花の茎とパセリの半量、2の半量を加えて混ぜる。器にこんもりと盛り、残りの2と菜の花の葉やつぼみ、残りのパセリをのせる。

すし飯に干ししいたけとかんぴょうの煮ものを混ぜて、甘辛い味をつけておきます。いり卵と菜の花の葉やつぼみ、パセリを彩りよくのせ、華やかに。

緑野菜のサラダずし

緑の野菜をいろいろ組み合わせ、
すし飯もサラダの具に見立てます。
シャキシャキ感がさわやか。

〈材料〉4〜5人分

基本のすし飯（→p.94参照）… 2合分
ピーマン … 2個
クレソン … 5本
きゅうり … 1本
絹さや … 15枚
青じそ … 5枚
フリルレタス … 5枚
菜種油 … 大さじ1
粗びき黒こしょう … 少々

〈作り方〉

1 ピーマンはヘタと種を除いて薄い輪切りにし、熱湯でさっとゆでる。クレソンは葉を摘み、茎は細かく刻む。きゅうりは薄い小口切りにする。絹さやは熱湯でさっとゆで、ざるにあげる。
2 すし飯にクレソンの茎を加えて混ぜ、ピーマン、きゅうり、絹さやも加え混ぜる。青じそをちぎり入れ、全体に油をまわしかける。
3 器にレタスを敷いて2を盛り、クレソンの葉を飾る。黒こしょうをふる。

ピーマンはさっとゆで、クレソンの茎はややかたいので、細かく刻んですし飯に混ぜます。青じそは手でちぎって入れたほうが、香りが立ちます。菜種油をまわしかけて風味づけを。

秋

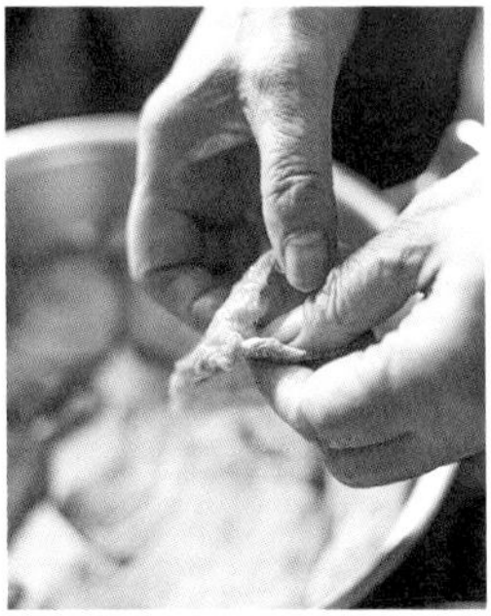

みじん切りにした赤かぶの酢漬けを混ぜ、酸味と歯ざわりのよいすし飯に。甘辛く煮つけた油揚げと、とてもよく合うんです。

赤かぶ酢漬けのいなりずし

赤かぶの酢漬けを混ぜ込んだ
すし飯と、甘めに炊いた油揚げの
相性が抜群です。

〈材料〉4〜5人分

基本のすし飯（→p.94参照）… 2合分
赤かぶの酢漬け（市販品）… 80g
油揚げ … 10枚

A | 水 … 1と½カップ
　| 煮干し … 5g
　| 砂糖・しょうゆ … 各大さじ3
　| みりん … 大さじ1と½

〈作り方〉

1 油揚げは長さを半分に切り、熱湯にさっと通して油抜きする。Aとともに鍋に入れて中火にかけ、汁けがほぼなくなるまで煮る。
2 赤かぶの酢漬けは薄切りにしてから細切りにし、端から粗みじん切りにする。すし飯に加えて混ぜる。
3 *1*が冷めたら口を袋状に開き、*2*を適量ずつ詰めて口を折りたたむ（または、油揚げを裏返し、*2*を適量ずつ詰めて口を内側に折り込む）。

大根とサーモンの巻きずし

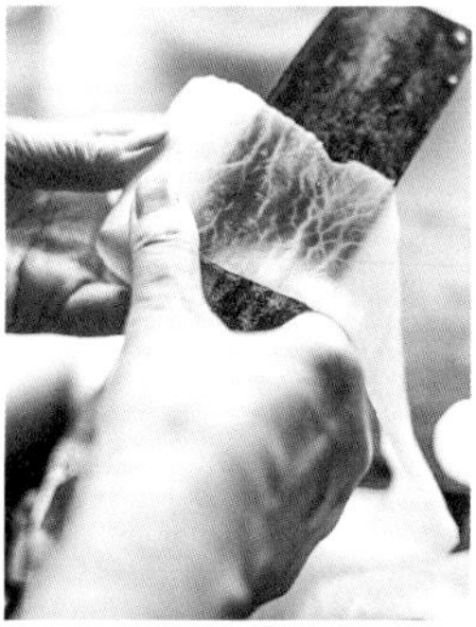

薄くむいて甘酢に漬けた大根で
ごはんとサーモンを巻きました。
紅白の彩りもきれいな一品です。

〈材料〉作りやすい分量

基本のすし飯（→p.94参照）… 1合分
大根 … 7㎝
サーモン（刺身用）… ½さく
甘酢〔混ぜる〕
- 酢 … 大さじ2
- 砂糖 … 大さじ½
- 塩 … 小さじ½

〈作り方〉

1 大根は薄いかつらむきにし、40㎝長さのものを3枚用意する。大根の重量の2％の塩（分量外）をふって10分おき、水けをきってから甘酢に30分ほど漬ける。
2 サーモンは2㎝角の棒状に切る。
3 *1*を縦長におき、すし飯を手前から長さの半分までのせる。2を手前にのせ、くるくると巻く。巻きすで形を整えて半分に切り、切り口を上にして器に盛る。

大根に縦に包丁を寝かせて当て、大根をまわしながら薄くむいていきます。帯状の大根にすし飯を広げ、サーモンをのせて巻き、最後は大根だけを巻きつけるようにします。

「すし飯」のこと

　お客さまのおもてなしや、四季折々の行事の際に、私はいろいろなおすしを作ります。冷めてもおいしいすし飯さえ用意しておけば、あとは具を盛りつけたり、混ぜたりするだけで、食卓が華やぐごちそうになるからです。

　すし飯を作るコツは、まず、炊きたてのごはんを飯台に広げ、熱いうちに甘酢（すし酢）をまわしかけること。ごはんがすし酢を吸ったところで、切るようにして大きく混ぜながら、うちわであおいで手早く冷まし、味を定着させます。

　お好みの刺身や漬けものを具にする手巻きずし、しめさばのちらしずし、野菜たっぷりのサラダずしなどが私の定番。行楽べんとうにもなる、いなりずしもいいですね。旬の食材を使えば、季節感あふれる食卓が演出できます。

基本のすし飯

〈材料〉作りやすい分量

炊きたてのごはん … 2合分

甘酢〔混ぜる〕

- 酢 … 大さじ4
- 砂糖 … 大さじ1
- 塩 … 小さじ1

〈作り方〉

ごはんは飯台に移し、甘酢をまわし入れてしゃもじで切るように混ぜ、うちわであおいで冷ます。すぐに使わない場合は、しっかり絞ったぬれぶきんをかけて、表面が乾かないようにする。

第三章

毎日のお漬けもの

私にとってお漬けものは、食卓になくてはならないもの。旬の野菜がおいしく食べられるうえ、ほどよい塩けがごはんに合い、箸休めにも、お茶請けやお酒のつまみにもなってくれます。

ここでは、サラダ感覚の即席漬けに加え、ひと晩漬け込むだけでグッと風味がよくなる一夜漬けをご紹介します。

【毎日のお漬けもの】

即席漬け

さっぱりしたお漬けものがあれば、ごはんが進むうえ、
野菜を補充する役割も果たしてくれます。
まずは30分～1時間でできる即席漬けから始めてみましょう。

きゅうりのにんにくしょうゆ漬け

にんにくの香りを移した油を使って、
風味とコクをアップさせます。
きゅうりは表面に切り目を入れ、味しみよく。

〈材料〉作りやすい分量

きゅうり … 2本（200g）
にんにく（粗みじん切り）… 1片分
菜種油 … 大さじ1
しょうゆ・酢 … 各大さじ1

〈作り方〉

1 きゅうりは皮の両面に斜め3㎜幅の切り目を入れて、2㎝長さに切り、保存容器に入れる。
2 小鍋ににんにくと油を入れて弱めの中火で熱し、焦げない程度に火を通し、香りを移す。しょうゆ、酢と合わせる。
3 *1*に*2*を加え、30分以上おく。

＊保存の目安：冷蔵で5日ほど。

なすの甘酢漬け

なすは塩漬けにしてから
甘酢に漬けて、
マイルドな味をしみ込ませます。

〈材料〉作りやすい分量

なす … 3本(250g)
塩 … 5g(なすの重量の2%)
A〔混ぜる〕
- 酢 … 大さじ2
- みりん … 大さじ1
- 砂糖 … 小さじ1

〈作り方〉

1 なすはヘタを切り落として縦半分に切り、5㎜幅の斜め切りにする。
2 保存容器に*1*を入れて塩をまぶし、300g程度の重しをして30分ほどおく。
3 水けを絞ってボウルに入れ、Aを加えて15分以上漬ける。

*保存の目安:冷蔵で5日ほど。

なすの塩漬け

塩だけで漬ける、飽きのこない
味わいです。水分とともにアクが
出るので、よく絞りましょう。

〈材料〉作りやすい分量

なす … 3本(250g)
塩 … 5g(なすの重量の2%)

〈作り方〉

1 なすはヘタを切り落として縦4つ割りにし、長さを3等分に切る。
2 保存容器に*1*を入れて塩をまぶし、300g程度の重しをして1時間ほどおく。

*保存の目安:冷蔵で3日ほど。食べる分だけ取り出し、水けを絞って器に盛る。

キャベツのもみ漬け

塩でもんで、軽く重しをすれば
30分ででき上がり。
にんじんを加えて甘みを出します。

〈材料〉作りやすい分量

キャベツ … ¼個(300g)
にんじん … ¼本(30g)
塩 … 7g弱(野菜の重量の2%)

〈作り方〉

1 キャベツは1㎝幅に切る。にんじんはピーラーで薄切りにする。
2 ボウルに*1*を合わせて塩をふり、手でもむ。500g程度の重しをし、30分ほどおく。

＊保存の目安:冷蔵で5日ほど。

切り干し大根の甘酒漬け

甘みが凝縮した切り干し大根に
やさしい風味の甘酒が好相性。
甘酒は市販品でもかまいません。

〈材料〉作りやすい分量

切り干し大根 … 40g

A
- 甘酒（下記参照。米麹タイプ）… 大さじ3
- しょうゆ … 大さじ1と½
- みりん … 大さじ1

〈作り方〉

1 切り干し大根はボウルに入れ、ひたるくらいの熱湯をかける。5分ほどおいてもどし、水けを絞る。

2 Aを加えて1時間以上漬ける。

＊保存の目安：冷蔵で1週間ほど。

甘酒

〈材料と作り方〉作りやすい分量

米麹（乾燥）200gはほぐし、炊飯器の内釜に入れる。水1と½カップを加えて混ぜる。保温スイッチを入れて2時間ほど保温を続け、とろりとなったらでき上がり。

長ねぎと大根のしょうゆ漬け

大根と香味野菜を細かく刻んで、
酢じょうゆに漬けます。
薬味だれとしても活用できますよ。

〈材料〉作りやすい分量

長ねぎ … ½本(80g)
大根 … 3㎝(70g)
しょうが … 10g
A しょうゆ … 大さじ2
酢 … 大さじ1

〈作り方〉

1 長ねぎ、大根、しょうがはみじん切りにし、保存容器に入れる。
2 Aを加えて30分以上漬ける。

＊保存の目安:冷蔵で5日ほど。食べるときに豆腐(写真は梅型で抜いたもの)に適量のせてもおいしい。

れんこんのからし漬け

シャキシャキのれんこんで作りたい一品。
酢と砂糖のおかげで、
からしの辛みがやわらぎます。

〈材料〉作りやすい分量

れんこん … 1節(200g)

A
- 酢 … 大さじ2
- 砂糖 … 小さじ2
- 練りがらし … 小さじ1

〈作り方〉

1 れんこんは皮をむき、スライサーで薄い輪切りにする。
2 鍋に湯を沸かし、酢大さじ1(分量外)を入れて*1*をさっとゆで、ざるにあげる。
3 ボウルにAを合わせ、*2*を加えてあえ、30分ほどおく。

＊保存の目安：冷蔵で5日ほど。

ラディッシュのレモン漬け

歯ごたえのよいラディッシュを使った
サラダ感覚の漬けものです。
フルーティな酸味がさわやか。

〈材料〉作りやすい分量

ラディッシュ … 大6個（150g）
レモン（国産）… ½個
塩 … 小さじ¼
砂糖 … 小さじ½

〈作り方〉

1 ラディッシュは葉を切り落とし、横2㎜幅の切り目を入れる。葉は熱湯でさっとゆで、水けを絞って食べやすい長さに切る。
2 保存容器に*1*を入れ、塩をまぶす。
3 レモンは半量を薄いいちょう切りにし、残りは果汁をしぼる。砂糖とともに2に加え混ぜ、30分ほどおく。

＊保存の目安：冷蔵で3～4日。

りんごとレモンの はちみつ漬け

信州はりんごの名産地。
レモンとはちみつで香りよく、
デザートのようなお漬けものに。

〈材料〉作りやすい分量

りんご … $\frac{1}{2}$個
レモン(国産) … $\frac{1}{2}$個
はちみつ … 大さじ2

〈作り方〉

1 りんごは皮つきのまま横に薄切りにする。レモンは薄切りにする。保存容器に交互に重ね入れる。
2 全体にはちみつをまわしかけ、30分ほどおく。

＊保存の目安:冷蔵で3〜4日。

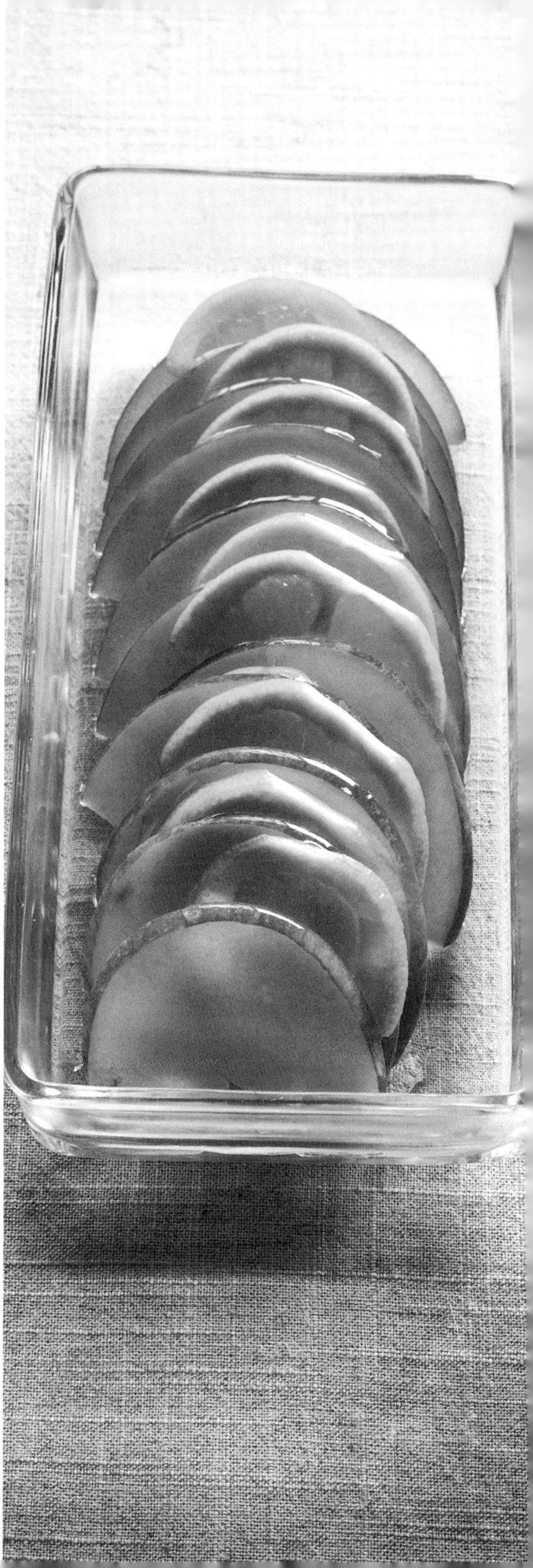

【毎日のお漬けもの】

一夜漬け

ぬか、酒粕、みそと、風味の違いを楽しめる一夜漬け。野菜を漬け込んでおけば翌日から食べられ、3〜4日は冷蔵庫で保存ができます。

白菜のぬか袋漬け

塩漬けをして水分が上がってきた白菜に
ぬかを入れた袋をのせておくだけ。
ぬか漬けより塩分は控えめで、風味はよくなります。

〈材料〉作りやすい分量

白菜 … ½株(1kg)
塩 … 20g(白菜の重量の2%)
米ぬか … 100g

〈作り方〉

1 白菜は根元に縦1本の切り目を入れて半分にさき、ひと口大のざく切りにする。
2 *1*を保存容器に入れて塩をまぶし、3kg程度の重しをのせて、ひと晩漬ける。水が上がったのを確認する。
3 布袋にぬかを入れ、口を折りたたんで2にのせ、ひと晩(8時間)漬ける。

＊保存の目安：冷蔵で3～4日。

白菜から出た水分にぬかの養分が移り、
ぬか漬け風味の白菜漬けに仕上がります。

手ぬぐいやさらしの布などを袋状に縫い、
ぬかを入れます。これを、塩漬けした白
菜にのせてひと晩おきます。

大根ときゅうりの酒粕漬け

酒粕の芳醇な香りとうまみが野菜にしみ込みます。
この酒粕床には野菜のほか、
いか、たら、さわらなど魚介を漬けてもおいしいんですよ。

〈材料〉作りやすい分量

きゅうり … 1本(100g)
大根
　… 15㎝長さの4つ割り×1本(100g)
塩 … 4g(野菜の重量の2%)
酒粕床〔混ぜる〕
　酒粕 … 200g
　砂糖 … 60g
　塩 … 10g

〈作り方〉

1 きゅうりと大根は表面に塩をすり込み、30分ほどおいて水けを出す。
2 保存容器に酒粕床を少量入れて平らに広げ、*1*を並べる。上から酒粕床をのせ、野菜が埋まるようにして表面をならし、ふたをしてひと晩(8時間)漬ける。

＊保存の目安：酒粕床から出したら、冷蔵で3日ほど。そのまま3日くらい漬けておいてもよい。酒粕床は、ほかの野菜や魚介類も漬けられる(魚介類は別の容器で漬けること)。

菊いもの一夜みそ漬け

保存袋で漬けるから、みそは少量でOK。
2～3日おくといっそう味がしみ込みます。
みそごとごはんにのせていただきましょう。

〈材料〉作りやすい分量

菊いも … 5個(250g)
みそ … 大さじ2

〈作り方〉

1 菊いもは皮つきのままよく洗い、薄切りにする。
2 *1*をジッパーつき保存袋に入れ、みそを加えて袋の上から全体にまぶす。密閉して冷蔵庫でひと晩(8時間)漬ける。
＊保存の目安：冷蔵で3日ほど。

漬けもので、もう一品

わが家の毎日の食事に欠かせない漬けもの。
そのままいただくのはもちろんですが、
料理にもアレンジして楽しんでいます。
刻んであえたり、炒めたりすれば、
うまみや塩けが調味料がわりになってくれるんです。

長ねぎと大根のしょうゆ漬けで…

チャーハン

薬味とうまみがブレンドされているから
味つけいらずで十分おいしくいただけます。

〈材料〉1人分

長ねぎと大根のしょうゆ漬け
（→p.100参照）… 30g
温かいごはん
… 茶碗1杯分（150g）
菜種油 … 大さじ1

〈作り方〉

フライパンに油を中火で熱し、ごはんを入れ、長ねぎと大根のしょうゆ漬けを加えて木べらで切るように混ぜながら炒める。

白菜のぬか袋漬けで…

白あえ

ぬかの風味や酸味が、やさしい白あえ衣とマッチ。
発酵が進んだものでもおいしく作れます。

〈材料〉2人分

白菜のぬか袋漬け
（→p.104参照）… 60g
絹ごし豆腐 … ⅓丁（100g）
A | 薄口しょうゆ・みりん … 各小さじ1
　| 白すりごま … 大さじ½

〈作り方〉

1 豆腐はふきんで包んでまな板ではさみ、10分おいて水きりをする。
2 *1*をすり鉢でなめらかにすりつぶし、Aを加えて混ぜる。
3 白菜のぬか袋漬けを加えてあえる。

なすの塩漬けで…

おにぎり

刻んでごはんに混ぜ、おにぎりに。
塩けと酸味があとを引きます。

〈材料〉2個分

なすの塩漬け
（→p.97参照）… 20g
温かいごはん
… 茶碗1杯分（150g）

〈作り方〉

1 なすの塩漬けはみじん切りにする。
2 ボウルにごはんを入れ、*1*を加えて混ぜる。手に水をつけ、半量ずつ丸くにぎる。

横山タカ子
（よこやま・たかこ）

料理研究家。長野県大町市に生まれ、長く長野市で暮らす。信州の食の豊かさに着目し、気候を生かした伝統食品や郷土料理を研究。その中に健康長寿の知恵があることを知り、家庭料理としてアレンジしたレシピを広く紹介している。長野県内外で「食と健康」をテーマに講演を行い、NHK「きょうの料理」講師としても活躍。著書に『横山タカ子のお漬けもの』（小社刊）、『わたしが元気なのはこれを食べているから 76歳、横山タカ子の食の知恵』（家の光協会）ほか多数。

横山タカ子の汁飯香

著　者　横山タカ子
編集人　足立昭子
発行人　殿塚郁夫
発行所　株式会社主婦と生活社
〒104-8357 東京都中央区京橋3-5-7
tel. 03-3563-5321（編集部）
tel. 03-3563-5121（販売部）
tel. 03-3563-5125（生産部）
https://www.shufu.co.jp
ryourinohon@mb.shufu.co.jp
製版所　東京カラーフォト・プロセス株式会社
印刷所　TOPPAN株式会社
製本所　共同製本株式会社
ISBN978-4-391-16178-6

撮影／竹内章雄
スタイリング／澤入美佳
デザイン／高橋 良［chorus］
取材／山中純子
調理アシスタント／伊藤由美子
校閲／滄流社
編集／山村奈央子